뜨거운 쓸쓸함

국립중앙도서관 출판예정도서목록(CIP)

뜨거운 쓸쓸함 : 김미선 시집 / 지은이: 김미선. -- 대전 :
지혜, 2014
    p. ;   cm. -- (지혜사랑 ; 113)

ISBN 979-11-5728-008-7 03810 : ₩9000

한국 현대시[韓國現代詩]

811.7-KDC5
895.715-DDC21   CIP2014026904

지혜사랑 113

뜨거운 쓸쓸함

김미선

시인의 말

두 번째 시집을 낸다

어느 꽃에도 가 닿지 못하는
내 선천성 기형
또 그만큼 극복했다는
위안을 갖는다
푸른 하늘 깊숙이
신선한 꿈의 음절을 뿌린다

나를 오래 빛나게 하는
어머님께 이 시집을 바친다

2014년
김미선

차례

시인의 말 ——————————— 5

1부

봄날에 ——————————— 12
변신 ——————————— 13
드라이 플라워 ——————————— 14
차 한 잔 ——————————— 16
보이차를 끓이며 ——————————— 17
아버지의 봄날 ——————————— 18
덕장에서 ——————————— 19
틈 ——————————— 21
이사 1 ——————————— 22
이사 2 ——————————— 23
이사 3 ——————————— 24
중독 ——————————— 25
뜨거운 쓸쓸함 ——————————— 26
관습법 ——————————— 27
터닝 포인트 ——————————— 29
불면에 대한 변명 ——————————— 31
떠도는 시인을 위하여 ——————————— 32

2부

에드바르트 뭉크의 가을 — 34
구절초 — 36
동해일기 — 37
아름다운 탈출 — 38
풍경 안으로 — 39
칡꽃이 필 때 — 40
선인장 — 41
사막은 충만을 기억한다 — 42
꽃 보러 간다 — 43
뱀딸기 — 44
발효 — 45
바람의 흔적 — 46
겨울 장마 — 48
변산 일몰 — 49
서해 썰물 — 50
사막을 지나며 — 52
비는 기차가 되어 — 53

3부

밤 열차	56
백도에 가서	57
푸켓 기행	58
지심도 1박	60
방아섬 소묘	61
동피랑에 가서 1	63
동피랑에 가서 2	64
내연산을 오르며	65
모노레이크 가는 길	67
그랜드 캐년에서	69
요세미티에서의 우화	70
우포 늪	72
모리재를 오르며	73
진해시편	74
수치마을에 가서	76
변산, 지나며	77
청송 가는 길	78

4부

염주 한 알	82
내소사에서	84
하안거	85
검은 산호	86
통도사 홍매화	87
화엄경을 읽으며	88
새벽 예불	89
평사리에서	91
환상에 대하여	92
외톨이 나무	93
골다공증	95
비는 지금 먼 곳을 다녀오는 중이다	96
소야도	97
꽃의 탄생	98
안드로메다성좌	99
인디언 썸머를 삼키며	101
수도승	102

해설 • 내공의 단아함 그리고 마주침의 시학 • 정영자   104

• 일러두기
　한 연이 첫 번째 행에서 시작될 때는 > 로 표시합니다.

1부

봄날에

근위병으로 서 있는 겨울나무들
파릇한 꽃봉오리 터뜨리며
긴 침묵으로 봄빛을 피운다
끊어졌던 복면 쓴 오솔길에
섣불리 발을 내딛을 수 없어
나는 지엄한 무게에 마음 움츠린다
환한 꽃눈 피어날 벗나무 아래
만년설의 그리움 저어하며
흙속에 숨겨진 채 감시당하고 있다
새소리가 밀어를 속삭이는
햇살 고른 마루에서
나는 여전히 불안하다
봄비 내리면 떠나는
내 속의 눈발이 길을 재촉하고
지나간 봄이 심어놓은 풍습
창가에서 빙점으로 아른거린다
오랜 기억이 출렁일 때마다
설익은 겨울은 문을 열지 못하고
이슥한 밤을 따뜻이 다독인다
창살 안으로 깊숙이 숨어버린 행방
이별을 어쩌지 못하는
나는 봄볕에 갇혀 버렸다

변신

가는 빗줄기가 스멀거리며
내 가슴 가득 안겨온다
꽃잎의 행간이 붉어지고
투명한 물방울 매단 미소가
마른 꿈을 흔든다
고슬한 햇빛에 단단히 여몄던
단추 하나씩 풀어지고
육신 어디쯤 숨겨 두었던 소리
비의 선율 따라 부풀어 오른다
저요에 간친 꽃뱀 한 미리는
금빛살 무늬를 그어댄다
늦추었다가
다시 빠르게
침묵의 긴 목덜미 밀어내며
그리움 가득 피어난다
아무 두려울 것 없이
나는 물보라로 붉게 부풀어 오른다

드라이 플라워

메마른 그대
옛날엔 상냥하고 우아했다
지금은 물기 잦아진 얼굴로
생뚱맞게 걸려온
보험 외판원의 친절한 목소리로
겉도는 표정이 건조하다
그대 옷맵시 화려한
백화점 점원의 미소로 피어나
상냥한 음색이 환하다

허공을 부화시키는
눈부신 위선의 고백이 뜨겁다

나비를 유혹하는 산수국
길게 목을 늘어뜨리고 있다
밀착된 시간을 넘기고
왼편 깜빡이를 누르려다 잘못 꺾인
와이퍼의 헛손질은 언제나 통화중이다
응답 듣지 못하는 착각이
손가락 사이로 빠져 나간다

꽃으로 피어서

꽃이 되지 못하는
그대 마른 향기는
허위의 손짓을 하며
흰벽에 쓸쓸히 걸려있다

차 한 잔

달빛 아래서 차를 달인다

그대와의 지척인 거리가
가장 먼 변방이다가
가장 가까운 틈새였다가
찻물 따르는 소리가 환하게 피어난다

그대와 나의 중심에
깊어진 바람이 지나가고
그윽한 꽃을 바라보는
적당한 거리가
오래 향기롭다

보이차를 끓이며

찻물을 올리자
쇄바람 소리가 들끓는다
끓어오르는 물의 저편
차마고도를 넘어온 쇄청모가
검은 눈썹을 달고 흩어진다
협곡을 쓰다듬던 비수의 말
내 얼굴에 눈보라 되어 내리친다
벼랑으로 내몰리는 야크가
회오리바람을 쏟아내며
오색의 룽다를 펄럭인다
혀 깊숙이 마방의 길 깨우면
묵은 시간만큼 쓰린 말은
설산으로 숨어 든다
나는 한 줄기 빛을 세워
다시 누강을 건너 간다
하늘길의 순한 하현달이 기울어지고
수천 년의 묵언으로 새긴
오랜 수행이 날선 말들을
발효된 시간으로 달여낸다

아버지의 봄날

제황산 아래
아버지
연분홍 봄날 품고 계신다
주름진 벚나무 가지 사이로
삼백예순다섯 계단 부풀어 오르고
맨손으로 일어선 바바리 자락
예순 다섯 생애가 펄럭인다
꽃잎에서 쏟아지는 기억들이
겹겹이 흩날리고
바람 보다 앞서 떠난 길이
꽃비에 젖는다
아버지 비에 젖는다
둥근 밥상을 향한 숨찬 걸음
산자락 걷어 올리고
황망히 마을 밖으로 사라진다
부려 놓은 환한 꿈들
실종된 봄날을 부축하며 반짝인다
푸른 휘파람으로
다시 불러 낼 수 없는 영혼
아버지 늑골 사이로 사라진 봄
또 오고 있다
하늘 어귀의 아버지
하염없이 쏟아진다

덕장에서

밤새 또 폭설이 내렸다
라디오는 24시간 울어대고
다시 눈을 붙이려는 황태의 심장이
표본처럼 걸려 있다
밤 사이 쐐기를 박은 말에
잘려 나간 명치끝이 아려왔다
등뼈 깊숙이 무게를 받아 주던 육신이
진부령 허공에 떠 있다
매운바람 휘몰아치고
설움에 겨운 눈물이 통젖을 두드리며
한랭전선을 불러 왔다
얼었다 녹는
절여진 가슴팍에 언 입술이 들썩이고
쓰린 한기가 겨울 하늘을 덧칠했다
싸늘한 바람은 끝없이 황태를 실어 나르고
눈발 뒤집어 쓴 몸짓이 꿈틀거렸다
아가미 풀어 헤치고 물살 가르던
지느러미의 기억이 설산을 넘고 있다
창문 틈새 반짝이는 살얼음이
실눈을 뜨는 해빙기의 아침
굳어가던 황태가 걸어 나왔다
잔혹한 생이야

산다는 것은 칼바람에 절여지는 것
눈보라 낭자한 시간이 흘렀다
고단한 한때에 베여 나온 물기가
다시 몸 속으로 스며들어
패인 눈동자에 바람의 길을 열고 있었다

틈

비어있는 시간을 견디지 못한 내가
엄숙히 바람벽을 돌며 몇 줌의 맥박을 다독인다

가슴 맞추던 열쇠처럼 따뜻한 예언 하나
투명한 잔 속에서 싹을 틔운다
해묵은 몸통에 한 올 한 올 실핏줄 깨어나고
호흡 한 켠으로 비켜선 아라비아 마법사가 돌아온다
어쩌면 오아시스의 행방이 아닐까

가슴 뚫린 깊은 구멍은 낯선 바람을 너듬는다
당도하지 못한 낙타가 푸른 이슬을 쏟아내고
외로운 이정표가 내 안에서 자라난다

별빛에 젖은 가시 선인장이 익어가고
사막에 떠다니는 지상의 기억들이 저물어 간다

태양의 건너편이 제 허위를 벗어 던질 때
마침내 쟁취한 자유가
저절로 생의 한 토막을 미소 짓고 있다
말라버린 강바닥에 스며든 비린 눈물이
고빗길을 통과한다

이사 1

 모서리 닳은 하현달이 두 개의 집을 들고 있다. 박하향 깊어지는 액자가 거실벽을 흔들자 장롱 깊숙히 꿈을 연주하는 두터운 먼지는 낮은 음계로 옛잠을 들춘다. 동그란 해를 겹겹이 말아 올리는 물방울 벽지가 문고리를 잡고 눅눅해진 기억을 곱씹는 사이 흔들리는 달력이 껍질을 벗겨낸다. 어둠을 밝히는 올빼미 시계가 환영을 되돌리며 벽의 깊이를 재는 동안 수십 개의 동공이 수런거리는 발자국을 들고 창문을 열어젖힌다. 갇혀 있던 눈망울이 일제히 껍질을 깨고 퍼즐처럼 나뒹군다. 비둘기가 둥지를 튼 커튼이 불안한 내일을 더듬으면 바닥에서 바닥으로 이어지는 얼굴들이 쪼그리고 앉아 더없이 친숙한 노래를 흥얼거린다. 마지막 버려야 할 열쇠꾸러미가 뱉어 낸 시간 속으로 숨어 들어가고 마침표를 찍는 낡은 냉장고의 그렁거리는 순응이 속절없이 따뜻해진다. 눅눅한 조명이 거울 속의 얼룩으로 방패연을 띄우면 지붕 없는 침대가 날개를 달고 문지방을 넘는다. 느슨하게 걸쳐둔 옷걸이가 새 깃털을 가지런히 올려놓는다. 그림처럼 낡은 거실이 처음으로 돌아가기 위해 신발장에 낯선 날짜표를 매단다.

이사 2

가만히 빛이 쌓여가는 소리 들린다
울타리 빠져 나가는 햇살이
빈칸을 헤아리기 시작하고
몇 개의 별로 정의된 스크린에
하얀 발자국 찍힌다

어디론가 떠나는 새들
날개를 버리고 날아오른다
가볍게 휘파람을 불어댄다

아이는 어른이 되고
어른은 늙은 어른으로 자라는
낮과 밤 얇은 틈 사이
그 너머 풍경이 궁금해진다
한때
레몬처럼 상큼했던 따뜻한 식탁에
떠도는 인사가 자꾸 흘러내린다

그렇게 안녕
날숨 빠져나가는 집이 딱꾹질을 시작한다

이사 3

벽이 피워내는 행간의 소리에 귀 기울인다
기척도 없는 은유가 하루를 품을 때마다
시간의 비늘에 반짝이는 바람
네모 난 말들을 벗기고
투정으로 빚은 식탁을 삼키고
은밀하고 단단한 성전에 품어 온
얼룩들을 불러 모은다

내일쯤이면 제 이름도 꿈결로 저장될 퇴화된 눈시울이
불안을 다독이며 익숙한 잠을 밀쳐 낸다
한 번도 구겨지지 않은 벽
완벽한 문장 하나
제 몸 기울여 어깨를 내주지만
흘러내리는 낡은 소파의 꿈은
허공을 풀어내며 푸른 메세지를 쓴다

꽃무늬 벽지 한때의 전성기를 통과하고
중심을 떠받치던 오랜 체위가
한 겹 생의 전족을 벗는다
바람을 만나 몸 바꾸는 먼 기억들이
시들지 않는 눈빛으로 또다시 금줄을 흔든다

중독

 암호 같은 낮달을 그리워하며 그는 고독을 찾아 배회한다. 햇무리를 굴리는 모래시계의 목덜미가 필사적으로 길어지면 보헤미안 눈길 닮은 노을은 유혹을 집요하게 펼친다. 보랏빛 나팔꽃은 어디쯤 피어 있을까? 은밀한 신호가 챙이 넓은 저녁을 밝혀들고 또 하나의 섬을 찾아 어둠의 길을 접는다. 해를 삼킨 지하뱅크 속에는 언제나처럼 물구나무 선 발자국이 네모난 탁자 사이로 유년의 설화를 쏟아낸다. 밤배의 길을 밝혀주는 가로등은 삐딱하게 깊어가고 시간의 오류가 굴레 속으로 그를 방류한다. 날마다 허물을 벗겨내던 유리잔에 수십 개의 낮달이 떠서 휘청거린다

뜨거운 쓸쓸함

멀리서
비에 젖는 바퀴소리가
붉은 눈망울의 길을 연다
길게 쓸려가는 사랑이 다시
돌아서는 착각으로
가슴이 뛴다
등불 멀어진 길 끝에서
터진 물집이 통점을 찍는다
세상의 뒷덜미에
나무들의 완벽한 일체는
더 이상 의미가 아니다
수많은 갈등과
명치끝에 올라 탄 울렁증이
단 순간 먼 거리를 뛰어 넘는
사랑으로 핀다
발효되지 못한 난생의 외로움
분홍 모자를 찾아 길을 나서면
오래 수태 중이던
서늘한 그림자가 지퍼를 열고
수많은 모르스 부호를 쏟아낸다

관습법

그녀의 눈치는 어디서 산란되는지
알 수가 없다

차단기 내려앉는 길목에서
터져 나오는 빈말들이 숨박꼭질을 한다

눈빛을 파묻고 마루 끝에 걸터앉은 달콤한 미소는
주어진 배역으로 더욱 눈부시다

저 흔들림 없는 벼랑타기

솜사탕에 스며든 언어가
밀어내는 정지선 앞에서 곡예를 한다
나긋함이 밧줄이 되어
거미줄로 뒤덮인 변명을 묵살한다

천 개의 얼굴 뒤로 심장을 빼내는
그녀 앞에서 길을 묻는 것은
금기사항이다

한 쪽 끝을 잡은 딜레마가
가볍게 한 말들을 급히 주워 담는다

\>
향기이거나 악취이면서
보이거나 직시하지 못한다

터닝 포인트

좌충우돌의
촘촘한 이빨 자국이
가슴에 감겨든다
틈새를 비켜주는 햇살은
반항을 도사리며 뱀의 혀를 꿈꾸고
공포를 담보로 한 미소는
늘 비상구를 달고 있다
한방으로 내리 친 마른번개가
게임의 뒤편에서 숨을 죽이고
깡마른 어깨를 견디고 있는 중이다

외로운 그대
뒤통수를 내리치는 것은
번번히 세상의 등과 맞닥뜨린 달콤한 어둠
소리 감춘 채 질주하고 있다
부러진 소리들이 한밤을 긁어대고
어설픈 직립을 허물고 있지만
별안간 생을 먹어치우는 블랙홀이
시간을 벗기고 있다
목덜미 후려치는 순간이
사랑할 수 있는 바로 그때이다
강력한 힘으로 빨아 당기는

피뢰침의 위력을 믿는다

익살스런 그대
다시 한번 유턴을 결심한다

불면에 대한 변명

둥글게 자리 잡지 못하는 밤이 있다
모로 기울어져 뾰족하게 솟아오르는
어둠을 들이키는 모난 기둥은
잘리지 않는다
낮의 파편들이 망가진 뿔로 날아와
몸 둘 곳 모른 채 서성이고
출구를 꿈꾸지 못하는 굵은 눈들이
서로를 밀쳐내며
굳건히 성을 구축한다
마름모꼴 시계가 첨예한 초침을 쏟아내고
사각형의 울먹이는 불안이
불가사리로 떠돈다
살다 벗어던진 별자리가 가시로 걸려
의문부호처럼 날카롭게 빛난다
어둠을 결의한 위태로운 냉기가
눈동자 속으로 스러지면
둥글지 못한 창백한 초승달이
몇 개의 수면제를 꺼내 담는다
빛을 구부린 캄캄한 길이
빠져나오는 신발 끈을 고쳐 매고 있다

떠도는 시인을 위하여

　가끔 반짝이다 사라지며 생을 읽어가는 나는 적당히 서늘하다. 분분한 눈보라를 품은 겨울나무는 내 절친한 이웃으로 앙상한 가지마다 자유롭다. 영혼은 지독한 추위를 소화시킨다. 하나의 점이 나를 바라보는 절망의 말을 수근거린다. 나는 시를 사랑한다거나 미워한다거나 말할 수 없는 측은한 하루하루를 지샌다. 몽환적인 노동을 즐기는 고뇌를 바라보는 야윈 내 시의 뇌관이 달콤한 레드와인을 꿈꾼다. 머나 먼 지평선을 넘어 행려병자처럼 아무도 알아채지 못하는 허밍으로 길을 낸다. 허기진 배를 쓰다듬는 시를 읊조리며 호의적이지 못한 하늘에 기대어 종일 나를 위로해보기도 한다. 변명의 시간이 하나의 문장을 버티고 있는 나는 시인이다. 휘어진 푸른 방에서 툭툭 뛰쳐 나오는 환상이 턱을 괴고 일상의 빙판을 걸어가는 것이 보인다. 부질없는 사랑처럼 시는 떠돌고 있다

2부

에드바르트 뭉크의 가을

늦가을 콩대 두들기는 들판이 붉다
흰 수건을 쓴 아낙의 손길이
가을을 스쳐 노을에 베여든다
껍질만 남은 주름진 손등에선
뼈 부딪치는 소리가 나고
지난 여름이 낟가리로 쌓여가는
텅 빈 밭고랑이 스산하다

햇살에 영그는 풍성한 절망이
떨어져 나온 한 알의 열매로
한때의 서정을 변론한다
봄의 환영 저편
휘어진 고랑을 기어가는 밭 자락이
귀를 털어 막는다
덩그러니 큰 파도가 초겨울 풍경을 그리고
묶어놓은 콩단이 무르익은 눈으로
들판 행방을 넘겨다 본다

핏빛바다 너머 보이는 어둠으로
무명이 잊혀질 듯한 내일로
가늘고 긴 생애
궁벽한 풍경 하나가 알맹이를 털어낸다

불안한 울부짖음이 하늘에 울려퍼지고
정갈하게 털어내지 못한 세월 몇 알이
허기진 폐허에 쓸쓸히 엄습한다

알 수 없는 적막 속으로 빨려드는
저녁의 눈빛이 빨갛게 물들고 있다
가을이 빠져 나가는 나무들은
여전히 처연한 자세로 서 있다

구절초

오래 닫아둔 비탈로 들어선다
긴 초록의 등성이를 지나
일렁이는 눈빛이 밀랍처럼 깊어지고
바람의 흔적을 지우며
꽃이 흔들리기 시작한다
지상에 남겨진 햇살이
탈고 되지 않는 또 하나의
경이로운 몸짓을 만난다
바위 틈 새 날아든
호수의 빛깔
환한 칩거에 들었다
붉게 물들어 가는 산 허리에
뒤척이는 꽃잎의 말들이
무성한 걸음으로 가을 숲에 들고
생이 가 닿지 못한 시간은
조금씩 멀어지고 있다
망각의 날을 더듬으며
미루어 둔 먼 기억
한 무리의 애잔한 날개가
10월의 바람을 꺼내어
긴 가을의 설화를 쓰고 있다

동해일기

강둑에 앉아 있는 그대
반투명이다
정박 중인 배는 절영계곡을 떠나고
어디쯤에서 시작한 지
알 수 없는 물줄기가
몇 개의 산을 휘돌아 나간다
이랑을 갈라내는 물살
쓸어 질 듯 깨어진다
지친 길은 끊어지고
끌고 온 낮달이
길을 끌고 온 낮달이
강 하구에 발 담근다
등짐 오십천에 내려 놓고
펼쳐진 긴 편지를 읽는 물 위에
초가을 바람 흘러간다
휘청거리는 숲이 강을 지우는 동안
투명한 물빛
금빛을 반짝인다
퍼득이는 숭어
바다로 가는 길을 묻는다
아직 그대 꿈은 유효하다

아름다운 탈출

한 순간 정적으로
꽃이 지고 있다
슬픔 내려놓는 사이
꽃이 태어난다
내 몸으로 왔다가
마주보는 피안
우주의 한 모퉁이 다시 벙근다
꽃 떨어진 자리
부릅뜬 눈동자에 허공을 담는다
찰나의 사랑으로 살다가
땅의 그리움이다가
점멸하는 별을 찾아 윤회하는
나는 동백이다
뜨겁게 꽃 지는 그늘에서
생의 무게 읽어내는 그대
물상 속에 있다
다시 꽃으로 피는 붉은 적막
봄을 부른다

풍경 안으로

떨어지는 노을이
바다 속의 또 다른 해를 비춘다
수평선에서 만나는 공존
풍경 속에 서 있는 아비를
렌즈에 담는다
물결은 바람으로
아비는 아들에게로
묻어 두었던 소리 담아 낸다

아비는 아들을 낳고
아들은 아비의 그리움을 닮는다
그대의 영토인 노을
바다가 해무를 풀고
또 다른 해를 피워 올린다
아침은 창을 열어 두겠다

칡꽃이 필 때

어깨에 태양 하나씩 메고
푸른 마법 속으로 들어간다
휘파람이 바퀴 속을 굴러다니고
우리가 버린 햇살이
구름의 이동을 연주한다
풀벌레를 사랑한
질긴 심장은 망각으로 일어서고
뜨거운 대낮이 까마득한 꿈으로
멀어진다
세상을 돌아 나가는
붉은 기운이 늦 여름을 끌어 모은다

늙어가는 둔덕 위로
두텁게 쏟아지던 빗소리가
더위를 마름질한다
구름은 어디에도 닿아 본 적 없는
햇살의 둘레를 향해 입을 연다
폭염을 견딘 숲이
일제히 기지개를 켜고
식어가는 태양을 배웅한다
지루한 꿈에서 깨어나는
의문의 향기
이승의 오후 한 구석이 눈부시다

선인장

촘촘히 박힌 독기가
모진 바람을 해독한다
태양을 관통하는 가시는
벌판을 질주하고
궁핍한 사유를 찔러대며
사막의 목에 복수초를 건다
맹목의 단단한 빛살이
살을 발라내고
필사적 건기를 견디고 있는
사막의 등골
무채색 날개를 퍼득인다
일생 심지를 세우며 살아내야 하는 일은
바람 견디며 평생을 버텨가는 것
미지의 땅을 찾아
햇살 삼킨 직립의 선이
은모래로 반짝인다
아득한 허무에 깃발이 펄럭이는
갈라고파스 바다
생생한 지층의 나이를 되묻는
목마른 사마리아인의 각질이
불멸을 꿈꾼다

사막은 충만을 기억한다

태초의 모래와 바람은
끓어오르는 체온으로
태어나기 이전의 침묵을 생각한다

모래 알갱이 수만큼 중량은 깊고
절박한 소망을 전하는 하늘의 별들이
싱그런 목숨을 깨닫는 공허를 밀어내며
볼 수 없는 세상으로 깨어 있다

어둠 속에 잠들어 있는 방울뱀이
초록 향기를 찾아가고
빙하까지 뿌리 내리는 사막 거북이의 걸음이
세상의 길를 연다

절박한 목마름을 경멸하는 선인장이
노을을 움직이는 지구 속의 적소
지평선 너머 태양의 무게를 찾아 길을 나선다

금빛 신기루를 안고
사막은 모래 언덕 넘어 끝없는 세상을 찾아 간다

꽃 보러 간다

　나도 있어, 나도 봄이야, 돌 틈 사이 꽃씨 환희 햇살 받고 섰다. 마당귀에 버려진 팔각 문짝 사이로 바위취와 제비꽃 싹 틔운다. 나와 그대 눈 맞추며 꽃을 피운다는 건 매일매일 등 돌리며 기막힌 슬픔 하나 키운다는 것이다. 땅의 잠 깨우는 만년설 오래 오래 들리지 않는 동굴 빠져나와 가장 길게 운다는 미동 없는 말이 뿌리 내리는 선인장 풍경으로 햇살의 피망울을 어루만진다. 검은 씨방 무대를 벗고 꽃뱀의 그늘에 안겨 후루루 3월의 하늘을 파먹는 새파랗게 시간을 죽이던 거짓말이 바늘구멍 지나 볕바른 양지로 스며든다. 바닥 드러난 양철 화분에 느닷없이 사랑한다 보드라운 흙실 덮어준다는 끝내 외면한 돌덩이 감쪽같이 곡진함을 잃고 둥그렇게 품어 준다. 세상 모르고 잠자던 서랍 삐죽이 열려 내 사막을 횡단할 낙타가 길을 묻는다. 나도 있어, 나도 봄이야, 삶이 그렇다는 거

뱀딸기

막다른 골목을 치달으며
나는 물수제비를 뜬다
달아나려는 식물성 질주
세상과 맞지 않는 물살은
서늘한 눈빛으로 허공을 뚫는다

나의 경사진 길이
격렬하게 편견으로 기울고
나는 목숨을 날개에 건다

붉은 이빨의 정신으로
버텨내야 하는 일촉즉발
발끝 세운 잭나이프가 뒷덜미를 잡는다

살별을 향한 공감대는
걷잡을 수 없는 해방을 꿈꾸고
늘 빗나가는 폭풍우
붉은 열매를 매단다

절창이 헐거워지는 아이러니
나는 복원된 유물처럼 저주의 바퀴를 굴리며
존재만으로도 아름다운 해빙 점을 찍는다

모진 추위는 언제나 섦게 뻗어간다

발효

늦가을 서리에 떨던 잎사귀가
갑자기 불어 닥친 바람으로 몸부림 쳤어

끝없는 화살이 또 노크를 했어
측량할 수 없는 울화가 따라 붙어
도려내고 싶은 심정이 자꾸 부풀어 올랐어
온갖 잘린 말들이 현기증을 일으켰어

나는 문득 고추냉이를 말아 제낀
냉면이 먹고 싶어 졌어

웅크린 하현달 대신 민첩한 파도를 타고 싶었거든

얽힌 그대의 말과 버무린
감칠맛을 후루루 둘러 마셨어
삼킨 가시가 위벽을 타고
상심의 바다에 쏟아져 내렸어
내 명치 끝이 따가운 건 벌써 잊은 지 오래
뱃속 깊이 매콤한 겨자 맛이 울려 퍼졌어

한번쯤 폭발할
가스통을 잠재우는 중이였어

바람의 흔적

마단조의 바람이 분다
댓잎이 출렁이는 생애를 걸고
소년의 키가 한 뼘씩 자라난다
칼날이 지구 밖에서 거칠게 찔러대는
또 하나의 벽을 만나는 순간
성장의 통증이 불을 붙인다
바람이 세차게 불어올수록
키는 자라나고
뼈 속 깊이 굴렁쇠가 들어 찬다
어둠이 꿈을 쫓던 방황을 들쳐메자
영혼은 고비 사막으로 사라진다
낯선 생은 갈기를 흔들어
구릿빛 전생의 덫에 걸려들고
떨림으로 스며든 긴장이
모래를 삼키고 또 삼킨다
짙은 밤이 허물어져 가는 동안
지평선은 더욱 멀어
숨은 별들이 떨어진다
수척한 귀를 벼랑 끝에 세우고
여명은 동녘을 향해 눈을 뜬다
푸른 햇살이 쏟아지면
키 너머 자란 불면이

깊은 협곡으로 흘러들고
눈부신 슬픔은 소년을 기른다

겨울 장마

누가 여자를 분열된 창가에 걸어 두었을까

물구나무선 여자의 맨발은
버스 바퀴를 굴리고 있다
당돌한 무임승차에
승객들이 히죽이 웃고 있다
풀어 헤친 머리카락 창밖으로 내밀어
어느 별에서의 암호를 수신중이다
단절이 지어내는 빌딩의 시계바늘
고장 난 위성 안테나에서
수신 받지 못하는 별똥별이
아득한 기억 속에서 혼자 흔들린다
지구촌에 기거하고 싶었던 눈빛
처절히 태양에 매달려
억겁의 시공을 넘나든다
생의 궤도이탈
낯선 우주에 걸터앉은 여자
또 다른 행성을 굴리고 있다
활화산 같은 눈망울이 부질없이
온전한 지상을 불평으로 휘젓는다
불안한 유리창에 흰 거품이 흘러내리고
오후를 실은 도시버스가 황급히 달리고 있다

변산 일몰

나는 바다를 들고 풍경을 설치한다
따사로운 햇살이 불을 피우고
서해로부터 진화해온 붉은 새가
창틀을 물고 날아간다
불꽃 품은 코발트빛 수평선
다홍 물감으로 노을을 담고
반짝이는 파도가 빨갛게 피어난다
채석강이 건네주는 너울이
알을 품은 변주곡으로 흐르고
유배를 떠나온 지상의 한때가
블랙홀처럼 빠져나간다
한번쯤 내동댕이 쳐보는
솟아오르는 모래굽이
모항 절벽에서 불그레한 취기로
공옥진 여사의 곱사춤을 춘다
겹겹이 익어가는 햇무리에
붉은 띠를 두른 무성한 풀들은 자라
탕진한 삶이 퇴화중이다
바다를 껴안은 붉은새의 되돌이 길
부채처럼 펴질 질펀한 갯벌에
붉어진 눈물방울 하나 떨구면
허기진 어둠은 끝없이 나를 끌고 간다

서해 썰물

바람살에 나부끼는 여자가
바다를 밀어 낸다

쓸쓸한 그 자리
적막이 한기로 다가서고
끝없이 펼쳐진 물너울의 혁명
가야금 선율로 갈아탄다
쉼 없이 출렁대던 담청 빛 가락이
개펄 속으로 여린 길을 낸다
너울성 파도가 삼킨 곡조는
등대의 옷자락을 끌어 내리고
맨살로 부딪힌 갯바위는
현이 끊어진 수평선을 향해 달려간다

비로소 빠져나간 해풍은
허공의 몸짓으로

임방울의 긴 목선 닮은 해안에
검붉은 달빛이 되어 펼쳐진다
몸서리치는 여자의 지느러미가 애잔하다
파도를 기르는 물방울
깊은 시간의 주름살 되어

한 생애 살아가는 여자의 숨결이
석양을 한 아름씩 긁어 모은다

사막을 지나며

달 하나가 궤도를 벗어나
수 천 마일 멀어진
지구 뒷면의 날개를 퍼득인다
자장을 벗어난 몸 속의 말들이
미지의 지도를 찾아
흥분된 살별을 흩뿌리면
사막에 젖은 꿈들의 수다가
전갈의 꼬리를 문다
숨겨진 물방울을 그리는
인디언 핑크빛 노을이
모하비 사막을 지나
검은 물을 들이키며
살아 온 날들의 깃털을 고른다
정적을 깨는 비소리가
지구를 거꾸로 돌리고
만년설 위에 선인장을 심는다
발칙한 마술에 걸린 달이
신기루처럼 모래 언덕에 걸리자
수만 볼트의 충격을 쏟아내는 사유
어둠에 사살된 바람이 분다
생각의 가장자리를 서성이며
낙타가 흘리고 간 긴 발자국이
한 줄기 성호로 푸르러진다

비는 기차가 되어

제대로 익혀지지 않은 낮달은
서쪽 하늘로 비켜가고
슬픔과 기쁨
아랑곳없이 비가 내린다

마음에 새겨진 모난 각들이 나비를 입고
몽환의 거처를 빠져나가는
붉은 백합의 너울거림에 더 이상 민감하지 않기로 한다

길은 젖어서 걸음을 멈춘다

더 먼 곳에 귀를 대고
무엇이 되고 싶다는 것을 잊은 채
지금 나는
알아들을 수 없는 기차의 행방을 찾아나선다

구름이 내게로 달려와
꽃의 영광을 잊고 꿈의 바깥을 뒤적인다

날개 없는 안개는 허공으로 날아오른다

3부

밤 열차

떠도는 뭇별을 흩뿌리며
길의 뿌리를 찾아
너는 어둠 밖으로 내닫는다
달리고 싶은 아득한
꿈의 원적지
언제나 땅끝은 뜬 눈이다

레일 위의 금속음이
G선상의 아리아를 연주하는 동안
심장 깊숙이 울리는 굉음은
떠나는 자의 중독에 길든다
너의 그리움을 조율한 기적이
짚시의 영혼으로 떠올라
플라멩고 검붉은 망토를 펄럭인다

적막을 해체하는 비단 구렁이
충혈된 눈동자를 내려놓고
너의 간이역은 수수밭에 덮여있다
항시 아득히 사라지는
너는 삼키지 못하는 기다림을 게워내며
저무는 길을 끌어 안고
허공을 휘감는 장미넝쿨 따라
저린 열정을 터뜨린다

백도에 가서

바다는 지금 안개 속이다
생면부지의 물비늘이
내 흐린 의식을 흔들고
깊어질 대로 깊어진 섬들
그 물진 곳에서 나는 길을 잃는다

태초의 골짜기가 푸르러
머나먼 섬을 통과하고 있다
바람 끝에 묻어 온 물보라가
말 없는 눈빛으로 일렁이고
고스란히 전해오는 섬의 내력이
뿌리 내린 십자 동굴을 에돌아 간다

파도를 익힌 그대의 일생이 출렁이고
수평선 넘어 아흔 아홉의 그리움을
내 마음에 탁본한다

얼굴 위로 흐르는 물결소리
바람의 간격을 재며 들려온다

푸켓 기행

낙하산 줄에 전신을 매달고
하늘을 날아오르며 추락을 염려했다

제트 보트가 전속력을 내면
갇혀있던 걸음이 일제히 뛰어 오른다
매달린 밧줄이 사뿐히 내 몸을 들어 올려
허공에 나를 부려 놓는다
지상에서 퍼덕였던 발걸음이
깃털을 가진 한 마리의 새
온몸으로 바람을 읽는다
투박한 어깨 위로 햇빛이 흘러내리자
눈을 감고 부풀어 오른 심장이
바람의 말에 귀 기울인다
점점 멀어지는 세상을
기어오르던 벼랑이 부재중
불안한 땅이 발 아래서 호의적이다
서성이던 바다가 지나가고
푸른 날을 세우던 산이 지나간다
양팔을 벌려 기억에서 이탈된 호흡이
푸른 창공에 빠져든다
코발트 슬픔이 빠져나가고
재빠르게 스쳐가는

박하향으로 세상은 가벼워진다
멀리 떠 있는 태양의 시간들이 눈부시다
빛나는 세상이 나를 들고 있다

지심도 1박

후두티의 울음은
바람 소리로 들떠 있다
나는 신열의 소용돌이 속에서
고립이 필요했다
통증이 이는 풍경에
빠져드는 파도가 자라고
밀물에 항거하는 말들이
해일의 귀를 연다
바다로 뛰어 드는 조난당한 바람
표류하던 배들은
서둘러 어둠 속으로 잠입한다
뿌리째 흔들리는 외마디 비명
섬의 모서리를 쪼아대고
벼랑에 선 서어나무 둥치만이
중심을 잡고 있다
서슬퍼런 기억이 풍랑을 삼키는 동안
붉은 꽃이 하염없이 떨어진다
아침이 망각을 끌고 오면
소금기 반짝이는 마끝 절벽 위로
물살이 키운 해안이 일어선다

방아섬 소묘

하동군 진교면 술상리 포구
선착장을 내려서면
속도 없이 낡아가던 노을이 출렁인다
봄날이 언제였는지 간간히
물새 소리만 절뚝일 뿐
폐선에 걸린 수심이 짙어간다
수평선 너머
나를 찾아 떠난 물결이
다시 섬으로 밀려드는
외진 바다
무르익은 파도가
제 몸을 풀어낸다

검은 물 빠져 나간 녹슨 물자국이
밤하늘 가득 별빛을 쏟아내면
물능선 타고 익어가던 파도는
이제 빛나지 않는다
섬허리 휘감은 물결이
향기롭게 뒤척이는
지우지 못한 마음 한 척
넉넉한 어둠을 베고 적막을 담는다
물길 다한 곳에서

다시 육지가 되어가는 섬
바람을 안은 해안선이
애틋하게 살이 오른다

동피랑에 가서 1

하늘에 올라붙은 동네
하루해가 저문다
발자국이 그림자를 따르고
또 하나의 바다가
벽화 속으로 걸어 들어간다

한낮을 헤엄쳐 오는 어선이
어둔 비탈의 능선을 넘어가면
벼랑을 움켜진 불빛이 흔들린다
가파른 시간을 끌고 가는
주정뱅이 까만 눈물이
담벼락에 배어들면
수만 겹 파도를 밀고 오는 꿈들이
일제히 검은 무지개를 피워 올린다

닿을 수 없는 소실점으로
손을 뻗는 아득한 등대
환한 어둠 자락 끌고 와
끝없이 세상을 지핀다

동피랑에 가서 2

비 맞지 않고 잠들 수 있는
아늑한 스카이 라운지 아래
솟구쳐 오르는 허공이 펄럭인다

비탈길을 당길 때마다 달아난 꿈은
금빛 노을을 타고 신기루처럼 다가서고

해는 다시 뜨고 질 것을 의심치 않는
계단 위의 물방울이 오늘도 익숙한 굴레처럼
물고기 보다 힘차게 하늘을 오른다

휘날리는 구름 위를 날아 오르는 어린 왕자
그려 놓은 벽화에 절박한 희망이
건기의 도시를 횡단하지만

가파른 마을의 화려한 불빛
가혹한 은총으로 천사의 날개가 홰를 치고

허기진 사막과 공존하는
은빛 여우가 견인해 오는 푸른 별의 심장이
다시 뛰기 시작한다

내연산을 오르며

투명한 슬픔이 물들어 간다
은사시 나무 잎새들이
산허리에서 손을 흔들고
한때의 분화로 말을 잃어버린
너덜이 검은 입술을 봉하고 있다
늙은 억새의 위로 받지 못한 고달픔
바람이 되어 통증을 불러 들인다

산등성이에서
붉게 물든 그대의 말을 익힌다
뜨겁게 불어 온 소용돌이가
햇살의 무늬를 잠재우고
적막이 심어놓은 나무의 그늘은
서러움처럼 물길을 만든다
수없이 찍어 내는 원색의 풍경들이
숲의 무게 만큼 스산하고
위태롭게 쌓아 올린 돌탑 위로
물든 잎의 군락을 물끄러미 바라본다

나는 여전히 위로가 되지 못하는
산새들의 말을 되뇌이고
무성한 빛으로 젖은 붉은 사랑

골짜기의 저편에서 글썽인다
들뜬 세상을 뒤로하고
흐르는 물은 멈춘 듯 흐느낀다
망설이다 놓쳐버린 날들이
적막 속에서 숨을 고른다

모노레이크* 가는 길

사나운 햇살에 웅크린 낯선 걸음이
돌이 자라는 호수를 향해 발을 들여 놓는다

사막의 심장을 넘어 서서
태양의 설교를 미사로 바꾸는
몇 개의 꽃잎이 성소가 되어
튜파를 향한 길가에 종이꽃 피어난다

누구는 허망이라 하고
누군가는 신기루라고 말하는
짠기 머금은 시간에 몸 맡긴 마른 풀이
바람의 주름을 세고 있다

어느 설산을 허물면서 온 것일까
수십 만 년 고립되어 있는 물결이
웅웅거리는 모노의 날개를 펼쳐들어
탈고 되지 않은 풍경을 기적처럼 열고 있다

수평선은 철새를 잉태하는 세상의 끝
한자리에 애틋하게 서 있는 돌기둥이
황폐한 땅에 살아남아 태양의 무게를 기억하고
적막을 깨우는 뭉개구름은

인간이 가 닿지 못할 만년설의 묵상을 더듬는다

눈부신 돌기둥이 다시금 수차를 돌리고
물 안에서 자란 돌이 오래 밀쳐 두었던
바닥의 긴 시간들을 읽기 시작한다

나는 스스로의 이유로 존재하는
물의 생애를 기억한다

* 모노레이크 : 돌이 자라나는 신비한 호수.

그랜드 캐년에서

사바의 탈출을 감행한
협곡을 떠올라
오래된 심장이 다시 뛰기 시작한다
회오리치는 물결에
거대한 산맥의 등뼈가 누워있고
검은 옷깃을 세운 나침반은
서늘한 지층을 걸어 나온다
허공에 매달린 스크린은
수만 볼트의 전류를 흘리고
콜로라도 검푸른 힘줄이 출렁인다
검푸른 띠를 두른 나이테가
고행하는 골짜기를 관통하면
미이라로 굳어진 퍼즐이 깨어난다
한쪽 귀를 열어 둔 가파른 절경이
깊은 침묵을 쏟아내고
혼신을 다한 퇴적된 시간이 눈부시다
요동치는 경계에 빗금을 긋는
마더포인터
실낱같은 길을 헤매는 나는 고요히
절벽의 심장 속으로 스며든다

요세미티에서의 우화

지상에서의 작은 산책의
해질 녘
사방에서 은사시나무 은빛 떨림이
지상으로 내려앉는 것이였는데

잎새 사이로 눈부신 별빛이
걸림없는 하루를 헤엄치다
만년설을 보면서
만년설로 다가서는 것이였는데

통나무 기둥 저 편 깔깔대는
다섯 선녀가 두 팔을 벌리고
삼국유사의 선낭자를 몰고 오는 것이였는데

더러는 장인이 되고 장모가 되는
머나먼 만복사 저포기가
황금빛 노을의 아우라에
그만 몸짓이 닿고 말았는데

아득히 전해오는 감동의 순간들이
둥근 낯설음으로 깊어만 가고
산맥과 산맥 사이 시퍼포먼스는

이국의 옷자락을 휘날리며
또 하나의 몸짓을 낳고 있는 중이였는데

먼발치의 저녁달은
이방인의 지저귐을 엿들으며
빙그레 미소 짓고 있었는데

우포 늪

　나는 평생을 벗풀에 반쯤 잠겨 살아요. 물살에 비친 하늘은 또 다른 나의 천적, 그러나 적개심 같은 건 없어요. 태초에 깨어난 한낮이 늘 불꽃을 머리에 이고 시간의 물살을 음미하고 있지요. 소용돌이치는 불가능도 내 거대한 육신에선 비리를 벗고 장수하늘소를 누려요. 오래 비벼온 얼룩이 거품을 쏟아내면 수중 속 블랙홀이 포획한 수초 덩굴은 맥없이 풀려요. 어디에도 닿고 싶지 않은 물 끝이 물 끝을 밀며 지구를 돌리고 신비로운 수면은 늘 나를 긴장시켜요. 여전히 한 자리를 지키는 나의 이유는 아침이 아침을 낳을 때 등을 밟고 가는 물잠자리 허공을 끌고 가는 태양 때문이여요. 겹겹이 퇴적된 바닥이 물속에서 자라나 찬란한 비늘로 부풀어 올라요. 까마득한 습지의 힘이 오늘도 나를 부여잡고 있어요. 숨은 물씨를 품고 여전히 돌아가는 지구의 수위를 지키고 있지요. 깊고 거룩한 땅의 자궁을 헤엄쳐 온 물비늘이 침묵에서 침묵으로 착란을 꿈꾸고 있어요.

모리재를 오르며

화엽루에 앉아 숲의 무늬를 바라보며
불운의 개화기 시인 이호경을 생각한다

행적을 묻는 샛길마다 낡은 꽃들이 화르르 지고
연두빛 가지에 사뿐이 날아든
새의 눈빛은 구소九簫에게서 온 것인가
애절한 사랑은 햇살 속에 반짝인다
나풀거리는 무성한 풀밭너머
구름 같은 생이 파르르 별꽃을 흔들며 지나간다

어느 다른 생이 저리 환한지
고요한 숨결에 마음이 피었다 진다
숲에 내려 천국을 꿈꾸는
불꽃같은 여자의 하늘이 다가왔다 사라진다
바람의 기억들은 여전히 쓸쓸하다

천길 마음은 머물지 않고 꽃잎은 떨어져서
오래전 살다간 시간의 흔적들을
봄날의 저편에서 밀어 올린다

진해시편

행암 선착장 지나
통통배로 다다른 대섬
캄캄한 안민터널을 거쳐
벚나무 숲길에 들어서면
환한 시간 속으로 빨려든다
장복산 아래 일렁이는 길따라
유년의 기억이 태아처럼
고개 허리에 웅크리고 있다
섣달 눈바람이 창문을 넘어오고
머리맡에 몰래 선물 건네는 아버지의 밤은
사슴코처럼 붉게 취하셨다
꽃사태 지던 축제의 조막손을 잡아주던
환희의 연분홍빛 사랑
성탄절 트리의 불빛처럼 황홀했다
햇살 뜨거운 물이랑을 헤치며
검은 튜브를 저어가던 소녀는
굳건한 산타의 손에 잡혀
목젖 드러내며 태양을 향해 웃었다
파도따라 퍼져가는 물결은 짙어졌다
날리는 눈보라가 되어
나는 기나긴 시간 분열하고
내 몸이 성숙한다는 것을 알 즈음

수평선 너머 산타의 그림자가
기억 저편에서 흔들렸다

수치마을에 가서

온통 낡은 햇살뿐이다
굳은 혈관 속으로
알약 밀어 넣는 어머니
적막 속에 계신다
묵은 해 만큼 우물은 깊어지고
몸 밖으로 중심 흘려보내는
달을 삼킨 붉은 칸나가 익고 있다
시린 바람 사이로 관절이 삐걱거리고
퇴화된 날개가 졸음을 몰고 온다
먼 생각에 어둠이 내리면
비탈길에서 휘청거리는
아이들의 등불을 켠다
희미한 기억의 정적 속으로
감실 부처로 앉아
산그늘이 비켜간다
한 마리 자유로운 목어가 되어
금강경 한 구절에 젖어든다

변산, 지나며

파도를 품은 사다리가
자라는 채석강
바람의 길들이
일천의 높이로 쌓여있다
벼랑에서 떨어져 나온 허공이
낭떠러지 아래로 추락하고
갈망하는 푸른파도가
단말마에 칼춤을 춘다
솟구치며 사라지는
중심에서 벗어난 말들이
격포의 늑골을 찍어댄다
날을 세운 비애를 등에 지고
켜켜이 쌓은 층계를 날아 오른다
억겁 물살의 매질에
묵묵히 등판을 내어주는 바다
꿈꾸는 변산을 넘어온 한 대목이
환상의 길을 건너간다
노을은 또 붉게 제 속을 태우고
비워내지 못한 포말들은
무너질 듯한 절벽위로
다시 길을 연다

청송 가는 길

디카의 조리개를 열자
물에서 자란 뼈들이 감마선을 뿜어 댄다
태초의 무덤이 열리고
수백 년이 안개로 끓어오르는
물살의 등을 밀어낸다
아득히 하아프 소리 들려오고
푸른 호수에 잠긴 실버들 목선이
안개 숲의 계단을 밟는다
긴 잠에서 깨어난 비익조 한 마리
수면 위를 날아오르고
일천의 바람개비
햇살의 비호를 받으며
침묵의 습지를 빠져 나온다

늘 젖어서 사는 여신의
흰띠를 두른 거울 너머
오색 빛줄기가 승천한다
오랜 고독이 그림 밖으로 걸어나오고
시린 물보라가 상형문자를 쏟아낸다
늙은 버드나무 한 그루
하얀 거품을 날리면
짙푸른 물결의 내력이

발원의 어깨에 매달려 반짝인다
경계를 너머 막 깨어난 아득한 하늘
빛의 살에 베인 말발굽소리 들려오고
물의 화석을 꺼내 든 무지개가
힘껏 팔을 벌려 태양을 굴린다
억겁의 수증기로 솟아오른 물소리가
신선한 빛을 받아 적는다

4부

염주 한 알

스님은 행선 중
조계산의 매미 울음 한창이다
정갈한 선방 사립문 밀치고
발길 들여 놓은 아낙
스님 곁에서 다소곳이 사진을 찍는다

저 포시라운 상사화를 어쩌누

빗장 지르고
귓가에 들리는 청수 소리에
카메라 셔터가 넘어간다
잠자던 육신 깨우며
잘 견디었던 욕계
상사화 꽃잎 따라 피어난다
선방에 걸터 앉은 연한 보살님
손목 잡힌다
방장 스님 헛기침에
가슴 밑바닥 내리치는 죽장자

빙하착

댓돌에 아릿하게 물든 고무신

여름 땡볕에 얼굴 붉게 탄다
극락교의 무성한 여름
염불을 끌고 간다

내소사에서

물고기 한 마리
전나무 숲길을 헤엄쳐 간다
삼보일배의 저녁이 오고
카알라스 산을 순례하던
낮은 발걸음이 붉게 물든다
뜨겁게 얽매였다가 싸늘히 흩어지는
오래 전 기억을 찾아
늦은 가을이 아가미 속을 파고든다
잠자던 빗줄기 깨어나
젖은 깨달음이 경전 밖에 밀쳐둔 이승
대웅보전 꽃살문 속으로 걸어 들어간다
천년을 흘리고 간 목어가
바랜 단청을 지나쳐 가면
전생의 바람이 꽃창살 법문을 듣고 있다
전나무 갈피에서 도는 휘파람이
꽃잎을 흔들고
능가산 적멸을 향하던 풍경은
꽃살문 즈문 눈빛으로 환생한다
천리 허공을 향해 길 떠난 나는
다시 나에게로 법문을 돌려 세운다
목탁 소리 절집 경계를 흔드는
푸른 지느러미가
저무는 산그늘의 적막 속으로 들어선다

하안거

절집 아침은
동자승의 목탁으로 비롯한다
팔월 한낮
가뭄처럼 초췌한 보살이
뜨락에 슬픔 한 평 풀어 놓는다
탑으로 싸인 공양이
요사채에 떠넘긴 배냇길
헤설픈 걸음으로 내달린다
수선스런 바람
달려드는 잿빛 울음에 귀를 막는다
등판 내리치는 소나기 쏟아지고
놀란 동자승 눈동자에 경련이 인다
흔들리는 세찬 빗줄기 속에
영혼 풀어 떠난 어미의 눈빛
젖은 땅에서 휘몰아친다
어린 걸음에는
진노한 천둥소리 울부짖는다
탯줄로 뻗은 논길은 빈 젖꼭지 되어
땅 내 끌어 앉는 붉은 흐느낌
적막하다

검은 산호
— 만어사에서

산의 등뼈가 빗물에 지워진다

허공으로 흰 계단을 쌓아 올리는
풍경소리 안개 속으로 기울고
산나리 빨간 꽃대가 걷혀지는
산 아래로 속잎을 펼친다

동쪽으로 무언가 엎질러진다

숲속을 떠다니는 빈 발원들이
지느러미를 쏟아내고
초록물결에 매달린 검은 꼬리가
오백나한의 귀처럼 어둡다

빛에 가려 보이지 않는 호수

정수리를 맞댄 물고기
탑으로 쌓인 꽃등 하나씩 꺼내어
너덜에 떨어지는 법문을 담는다

이 생을 굴리는
금강경 일 만 자가 금빛 부처로 반짝인다

통도사 홍매화

산문 지나 절마당에 홍매화 한그루
꽃이 산을 넘을 때
가깝고도 먼 경계를 트고 있다

내려놓아야 할 꿈들이 허공에서 대롱거리고
단단한 멍울 삼켰던 붉은 꽃망울
깨어있는 소리 찾아 벼랑을 내려선다

아득한 시공을 넘나드는 봄 햇살 타고
굽은 몸통 뚫고 나온 파란만장
나무둥치 위로 완벽한 일체의 순간이 반짝인다

있음과 없음이 몸 바꾸는 웅크린 망각
아련한 핏줄을 타고 나온다

다시 눈 뜨는 사이
마니차 돌리는 목탁소리 피어나고
한 줄기의 길이 몸을 던진다

해마다 울컥거리는 2월의 법문이
또 붉은 강을 건너고 있다

화엄경을 읽으며

그대 젖은 날개는 바람에 가 닿고
고단한 옷깃은 허공을 어루만진다
옛 사원에서 흐르는 길이 고행에 나서서
까마득한 정오의 햇살을 눈부시게
오랜 먼지 털어내고 있다

산문 들머리 마른 나무 사이로
그림자 품은 보살행
잠깐 눈을 맞춘다
부서지는 예감을 안고
잠자듯 묻혀 있는 억겁이 퍼 붓는다

한때의 허물에서 만난 때 늦은 통과의례
몸을 벗은 날개가 잠시 깃을 친다
소사나무 껍질 떨어져 나간 자리에
그대 이승에서 못갖춘 사랑
먼 길 되어 모래의 잠에 닿으면
따라 오던 구름의 발자국 헤치며 간다

한 번의 눈길 한 겁을 넘기고
땅을 얻은 대신 길을 잃은 잠에서
갓 피어난 개나리 꽃
봄날의 우수를 털어낸다

새벽 예불

누가 흘린 발자국인가
천년의 뼈로 남은
아스라한 은행나무 위로
부호처럼 그믐달 하나
걸려 있다
어둠 밀어 올리며
먼동은 젖은 육신을 말리고
키 큰 대나무에 걸쳐진
어둠의 허물이 꼬리를 퍼득인다

아득히 이어나가는 지붕 너머
낭자한 별 하나
밤새 끌고 다닌 경전을 안고
법당으로 들어가 삼배를 한다
금강경 한 줄기 굽었다 폈다
컴컴한 심장에 배어든 업보를
굴리는 사이
목탁 소리는 잔잔한 산등성이를
헐어내고 있다

허공에서 삼매를 어루만지는
푸른 징소리 흘러내리고

정토와 한 몸이 되어가는 아수라
둥근 법열을 끌고 나온다

평사리에서

흘러가는 것들은 모두 강이 아니다
힘겹게 지나간 길 다시 되물어
섬진강은 등만 반짝이며 물밑으로 눈을 깐다
매화꽃 반갑게 인사하면
최참판댁 단단히 동여 맨 한스러움
벚꽃처럼 떨어지고
악업이 이어지는 것은
아편 먹은 봉순이의 시린 가슴
천불나던 홍이 아비 인연 얽혀있다
철없는 노란 산수유
가슴 열어제끼고 비웃는다
억양 들판에 잠시 머물다간 등 굽은 소문들이
모두 섬진강이 통로였던 가당찮은 질타에
물을 지척에 두고도 그리움 둘둘 말아
흩어지는 구름 넣어 보낸다
기댈 곳 없는 대로 흘러가는 것
흩날리는 배꽃 속곳 적삼 안부가 궁금하다
묵묵히 흘러가는 그대
진정 강으로 여울진다

환상에 대하여

그의 어깨에 기대면
내 파도는 가벼워진다
모래 해변의 깨알 같은 주술이
벼랑을 밀쳐내고
망가진 어망이 오후의 햇살로
다시 일어선다
잠시 내어 준 개펄처럼
물 주름 따라 흔들리는 숨결은
급상승하는 나비효과를 부른다
곳곳에 쏟아지는 날개 짓
태양을 보며 물결 휘젓고
이루지 못한 첫사랑 고백을 넘는다
한 귀퉁이가 세상 전부인
네 자그마한 어깨 하나
물안개가 몽돌처럼 안겨온다

외톨이 나무

카스파르 다비드 프리드리히의
외톨이 나무에 기대선다
초원 한 가운데
뾰족 지붕이 페달을 밟고
나무에 깃든 영혼이
네비게이션을 펼쳐든다
종족을 이루고 있는 작은 숲으로
늙은 덩굴은
푸른 이파리를 달고 돌진한다
쏟아져 나오는 기시광신이
한 무리의 양떼에 바코드를 찍어내고
사계절의 변화가 푸른 모습을
체스판에 올려 놓는다

멀리 지평선에 바람을 이겨낸 첨탑이
풍경을 뚫고 길을 내면
헤르만 헷세가
나무에 대한 사랑을 고백한다
자유로운 보나르의 색채는
도드라지게 홀로 서서
거대한 산 하나를 끌어 당긴다
나무에 기대어 휴식을 취하는 목동은

적막을 벗어 노을을 걷어내고
오래된 나무 가지에
빛나는 영혼이 쏟아져 내린다

나는 땅의 중심에 뿌리 박은
고독한 너를 더욱 숭배한다

골다공증

여자의 무표정한 얼굴에서
흘러나오는 말은
구멍이 뚫려 있었다
입 가장자리 올라가며 열리는 목젖 너머
두레박을 내리는 충동이 쏟아졌다
여자의 몸은 이미 우물이였다
뼈대마다 푸른곰팡이 같은 샘터가
하늘과 내통하고
천상의 별들이 바닥을
뚫이지게 내려나보았다
헐거워진 걸음을 진흙에 내던지고
뛰던 심장도 그렇게 내려놓았다
겨울의 눈발 속에서 봄비 기다리며
떠나지 못한 시간은
여자의 생을 바람의 통로로 이끌었다
아린 통증 속에
아득한 봄 내음 간직한 여자
섣불리 눈시울 열지 않았다
취기로 굴절된 울음 달래며
여자는 무너지지 않는 탑을 쌓아 올렸다

비는 지금 먼 곳을 다녀오는 중이다

늑골 파는 한 점 바람은 새가 되고
밤이 별이 되어
하얀 물살은 옛 무덤을 두드린다

꽃이 되거나 꽃이 지는 이역의 땅을 펼쳐들고
칸타빌레의 환한 눈빛으로 쏟아진다

강물의 안부를 묻고 사막의 소식을 묻고
흰 구름의 모퉁이를 지나간다

밤 내내 걸어가는 어린 왕자의 우기를 건너
물방울의 심장을 타고 내게로 온다

내 몸이 물속의 한때를 캐내어
비로소 하늘을 뿜어내는 비의 말을 듣기 시작한다

움 틔우는 생명같은 한 줄의 선연한 빛
생의 그림자를 내려놓고 내게로 온 물결이
견고한 날개를 휘저으며 몽골의 초원으로 날아간다

하나 둘 별이 솟아나는 내 가슴에
빗줄기 쏟아져 파미르 설산이 된다

소야도

제대로 삭혀진 마음 하나 거기 떠 있네

도드라진 세월에 걸려 넘어진 한때의
청동기 시대 햇빛 조각들
황금빛 가득 물결 속에 풀려 있네

밤낮 풍랑에 걸려 기품 따윈 생각지 않네

쪼아 댄 파도를 품지 못한 눈물이
바다 심지 불빛으로 물방울 하나 터뜨리고
등만 내어 준 애틋한 망각
단 한 번의 눈빛으로 일생의 뿌리를 내리네

별들의 숨결에 실려 저녁 기도가 되는
정갈한 외로움 하나
아무 일 없다는 듯 먼 곳이 되어가네

바다 가운데 피어나는 꽃처럼
제대로 삭혀진 마음 하나 거기 떠있네

꽃의 탄생

나는 세찬 물살에 숨이 찼어
큰 논쟁이 이어지고
당신이라는 벽에 부딪쳤어
질주의 임무를 부여 받아
거대한 산허리를 돌아나갔어
끊임없이 낮은 곳으로 흘러갔어
물줄기에 침식된 시간이 푸르러고
출렁이는 한 생애가
당신이 뿜어주는 멍으로 더 푸르렀어
끊어질 듯 이어지는 풀등에
다소곳이 앉았다가
때론 모래톱에 홀로 머물렀어
굽어진 모서리에 다시 돌아와 스미면
휘모리로 떠도는 물소리
나는 허공을 물고
지친 가슴팍으로 상흔을 지웠어
굴절된 그림자가 물빛보다 진하게 흐르고
묵직한 운명이 또 다시 길을 내고 있는 동안
바다가 지향하는 하나의 행로에
나의 뜨거운 심장이 굽이 돌아 나갔어
하얀 물보라로 뒤척이며
나는 휘어져 흘렀어

안드로메다성좌

환한 환상이 다녀간 한때를 기억한다

길쭉한 어둠이 복도를 가로지르고
새벽 발자국이 어둠을 덧 씌우면
한낮이 펴진다
긴 하루는 늘 등뒤에서 우물거리고
가파른 바람을 탄 햇살은
동쪽을 향해 가고 있다
모든 안부는 잃어버린 말을 찾아 숨어들고
앓던 태양 하나가
궤도 이탈한 행성을 끌어 당긴다
조난당한 별이 SOS를 보내는 동안
은하의 변방이 흔들린다
고흐
그대의 행선지는 어디인가

난파된 희망 속에서
몇 줄기의 찬 별빛이
갈피갈피 태양의 두께를 짚어간다
먹먹하게 금이 간 날들이
불시착한 벼랑을 붙든 채
출구를 찾느라 오래 걷고 있다

긴 동굴의 깊이를 헤아리는 사이
마침내 스스로 태양을 향해
몸을 뻗은 행성은
눈부신 세상을 꿈꾸며
홀로 허공에 매달린다

인디언 썸머를 삼키며

햇살이 박힌 석류가 쪼그리고 앉아
숨막히는 노을의 금빛 왈츠에 매료된다
칸나의 문신 늘어뜨린 여자의 방은 아직 여름을 품고
새벽달 눈썹을 감아올리는 처서가 지나간다

가을로 접어들지 못하는 생이
소주잔에 익어가고
운행을 타는 절대절명의 법칙은
토평천 길가에 피어 하늘거린다

매달린 대추 사이로 드러난 아오리 사과
여자의 행성처럼 떠 다닌다
골목을 지나 폭염 덮어 쓴 풋 감은
언제나 철통같은 초록빛을 고르고 있다

붉은 저녁이 두텁게 늙어가고
여자는 태양을 굽고 있는 뭉개진 눈으로
여전히 지구의 시소를 굴리고 있다
삭혀지지 않은 소망 하나가
맹목의 가시처럼 늦은 햇살에 걸려 있다

괜찮아, 가을은 아직 멀리 있어

수도승

아홉 갈래 나를 보듬고
낮게 숨고르기 하며
지킴이가 된 소나무를 바라본다
어느 길에서도 평안한 침묵은
집착을 낼 수 없다
아득한 시공 너머
숲을 길러내는 참선
언덕 위에 서서
흩어지는 상념 붙들고 있다
밑둥의 적막 다스리는
나무에 기대어
생각마다 추를 단다
내 가벼운 사유를
사랑하게 된다

해설

내공의 단아함 그리고 마주침의 시학

정영자 사단법인 부산여성문학인협회 이사장 · 문학계간지 『여기』 발행인

내공의 단아함 그리고 마주침의 시학

정영자 사단법인 부산여성문학인협회 이사장 · 문학계간지 『여기』 발행인

고승高僧의 설법, 노老배우의 눈빛, 할머니의 손맛에는 공통점이 있다.
구구한 설명이나 꾸밈이 없다. 단 한 마디로, 한순간으로, 한 번의 손길로 우주를 표현한다.
내공의 힘이다. 김미선 시인의 시는 내공의 힘이다.

현대시는 지성과 엄격한 형식을 내세우고 지성의 축제와 형식을 벗어난 지성의 붕괴라는 두 산맥이 함께 흐름으로써 상호 충돌, 상호보완의 바탕을 이룬다. 이것은 헬레니즘, 헤브라이즘이라는 두 프레임, 인간 중심과 신 중심, 지상 생활과 초지상적 생활, 육체와 정신이라는 두 축 위에서도 가능한 일이다.
현대는 변화의 원리가 지배하는 시대다. 기술혁명으로 인한 사회의 매카니즘화, 환경오염과 공해, 살인, 파괴, 배신 등 이러한 변화의 소용돌이는 인간과 세계의 밑뿌리를 뒤흔드는 불안, 소외, 고독, 혼란의 구조적 원인이 된다. 때문에 불확실성을 깔고 엄청난 단절을 보여주고 있다. 불확실성은 단절을 의

미한다. 확실성에 대한 회의와 연속성의 붕괴다. 변화의 원리는 단절, 분열, 분파, 혼란, 무질서, 불안, 소외, 무의미, 충돌, 소멸, 폐허, 모순, 부조리를 포함한다.

이미 20세기 문턱에서 니체는 신의 죽음을 선언했다. 신의 죽음으로 인간세계의 상실, 문명, 도덕 사회의 붕괴를 가져와 침묵하고 허무의식을 가지게 된다고 본 것이다.

종교, 윤리, 사회, 인간을 유지해왔던 확실성에 대한 의문은 연속성의 붕괴를 가져오고 과거, 현재, 미래라는 시간의 단절, 단편화, 분열화 공간은 방향성, 원근상의 질서붕괴에서 단편화, 언어에서 문법, 구문의 질서 붕괴와 의미 상실을 가져와 사회는 집단화와 분열화되어 가는 것이다.

20세기가 끝나고 21세기에 들어섰지만, 여전히 희망의 조짐을 보이지 않고 있다. 물론 현실의 물질적 필요를 부인할 수는 없다. 그러나 '이윤'이 목적이 되고 '인간'은 수단이 된 이 시대를 우리는 어떻게 노래해야 하는가.

이 의문에 답하는 지성파의 시인, 이미 개인을 넘어 시대와 현재를 정확하게 언어로 표현하고 있는 김미선 시인의 시를 주목할 필요가 있다. 식상한 시의 상투적 수법 내지 미처 발효시키지 못한 생얼의 서정을 함부로 바닷가에서 강가에서 심지어 한송이의 꽃에서까지 남발하고 있는 몰표현의 서정시 양산의 시단에 던지는 신선한 충격을 만난다.

그는 2003년 『문학예술』, 2010년 『불교문예』로 시단에 데뷔하여 첫 시집 『어떤 씨앗』(2011년)을 상재하여 "여여로운 관용과 수용의 세계"를 바탕으로 불교적 세계관을 노래하였다. 제2시집 『뜨거운 쓸쓸함』에서는 세련되고 성숙된 은유의 하늘을 막힘없이 유연하게 표현하여 시적 성취를 이루고 있다. 불교적인 세계관 위에 차생활의 일상과 거기에서 건져 올리는 성찰의 깊은 사유와 외로움에 대한 견고한 대응을 통한 자기 육화를 과감하게 시도한다. 특히 포스트모더니즘 표현을 통한 시대의 특성을 단아한 내공의 철학으로 표현하고 있다.

시인은 시집의 서문에서 "어느 꽃에도 가 닿지 못하는 내 선천성 기형 또 그 만큼 극복했다는 위안을 갖는다"고 말하고 있다. 자신의 삶의 특성을 간결하게 표현하고 있는 것이다. "어느 꽃에도 가 닿지 못하는" 기질적인 면을 가졌음을 단적으로 말하되 그만큼 스스로를 극복했다는 위안을 가지는 이중성을 나타내고 있다. 시인의 내면에는 항상 이와같은 이중성과 은유가 마주침으로 시의 치열성을 보여주고 있는 것이다.

카프카의『성城』에서 아무리 성에 도달하려고 노력해도 결국 가도 가도 그 거리는 좁혀지지 않고 도달할 수 없는 불확실성과 이르지 못하는 한계를 시인은 인식하고 있다. 측량사인 K는 성城의 요청으로 마을에 왔는데 마을사람들은 냉대하며 말도 건네지 않는다. 고립상태에서 그는 부단히 성에 도달하기 위해 온갖 노력을 다하지만 좌절하고 만다. 성에서 파견됐다는 조수를 만나면서 자기 자신과 성과의 계약관계에 대해 믿음을 갖는다. 하지만 성에 도달할 수 있는 방법은 없고, 결국 이 마을에서 어떤 권리도 가지고 있지 못한 이방인으로 남는다.

성은 높고, 견고하고, 폐쇄적이며, 고립, 단절이다. 그래서 이 소설은 모든 인물들과 사건들이 고립되고 폐쇄적이며, 불투명하고 모호하게 진행된다. 소설 속에 인물들의 모든 대화는 대화를 가장한 자기만의 외침이고 독백이며, 누가 옳고 틀리다는 판단 기준조차 없다. 모두가 자기 말만 한다. 20세기 인간의 불안과 소외를 단적으로 그린 카프카식의 소외의식을 고백하며 그 소외를 극복한 기쁨내지 안도를 적나라하게 묘사하고 과감한 시적 형상화를 시도하여 마침내 상호충돌은 소통과 결합에의 강렬한 욕망을 의미하고 있다. 때문에 시인의 "어느 꽃에도 가 닿지 못하는" 기질은 어느 꽃에라도 가야 하는 에너지를 가지고 내면화하고 있다.

우리의 일상적인 언어는 의미가 '이동'된 채 사용되고 있으며 사전적 의미만으로 언어를 사용하는 것은 불가능하다. 단순한 언어의 대체를 넘어서서, 하나의 이야기 그 자체가 은유로 작용하기도 한다.

세계를 다르게 보이게 하고 다르게 읽히고 다르게 쓰이게 하는 힘은 삶을 확장하는 은유의 힘이다. 따라서 김미선의 시적 이해나 표현은 이와같은 고도의 지적인 수단인 은유의 강물로 관찰되어야 하고 오늘의 파편화되고 있는 세상의 부단한 도전과 반발인 포스트모더니즘 관점에서 읽어야 할 것이다.

    멀리서
    비에 젖는 바퀴소리가
    붉은 눈망울의 길을 연다
    길게 쓸려가는 사랑이 다시
    돌아서는 착각으로
    가슴이 뛴다
    등불 멀어진 길끝에서
    터진 물집이 통점을 찍는다
    세상의 뒷덜미에
    나무들의 완벽한 일체는

더 이상 의미가 아니다
수많은 갈등과
명치끝에 올라 탄 울렁증이
단 순간 먼 거리를 뛰어 넘는
사랑으로 핀다
발효되지 못한 난생의 외로움
분홍 모자를 찾아 길을 나서면
오래 수태 중이던
서늘한 그림자가 지퍼를 열고
수많은 모르스 부호를 쏟아낸다
— 「뜨거운 쓸쓸함」 전문

    은유는 우리가 아직 해석하지 못한 역동적인 힘과 이야기로 가득 차 있다. 시의 위기는 사실 오독의 위기다. 살면서 해결할 수 없는 온갖 불화는 대개 오독이나 오역으로 귀결한다. 소통 부재의 현실에서 고도의 추상성을 즐기기 어려운 사회는 정신적으로 궁핍하다. 추상은 정신의 풍요로부터 오기 때문이다.
    '비에 젖는 바퀴소리'가 '길'을 열고 '슬려가는 사랑'이 '다시 돌아서는 착각으로/ 가슴이' 뛰는 환상적인 표현은 "등불 멀어진 길끝에서/ 터진 물집이 통점을 찍는다"는 사랑의 길을 찾아 먼 길을 걸어온 자의 체념적 한계가 가지는 이 시대의 갈등과 울렁증을 뛰어넘는 사랑으로 꽃 피면서 오랜 시간 가지고 있던 '수많은 모르스 부호'인 소통의 문자를 , 시이거나 언어이거나 강렬한 소통의 의미를 형상화하고 있다. 「뜨거운 쓸쓸함」이 가지는 역설적인 의미는 뜨겁기 때문에 쓸쓸하고 간절하기 때문에 고절한 인간의 이질적인 두 본성을 공존하게 하는 의미의 충돌이며 그 마주침의 시학 속에서 내면의 의도성이 공감대를 성공시키고 있다.

  시의 위의는 이와같은 서늘하고도 뜨거운 언어들을 지적인 단아함과 시대적인 현란함 내지 인간심리를 압축되고 세련된 이야기로 표현하는 것이다.

  은유는 서로 다른 범주에 있는 두 사물 혹은 사태를 동일시한다는 점에서 공식 A=B라고 나타낼 수 있다. 그러나 이런 비유를 통해 우리가 알게 되는 것은 우리가 전혀 예기치 못한 것, 감히 꿈도 꿀 수 없었던 것, 새로운 세계이다

  우리가 사물을 사랑하고 시를 쓰는 것은 결국 이런 세계에 대한 갈증, 허기, 배고픔 때문이다. 은유는 힘이다. 이질적인 두 사물이 하나가 된다. 때문에 은유는 사랑 이상이다.

    어깨에 태양 하나씩 메고
    푸른 마법 속으로 들어간다
    휘파람이 바퀴 속을 굴러다니고
    우리가 버린 햇살이
    구름의 이동을 연주한다
    풀벌레를 사랑한
    질긴 심장은 망각으로 일어서고
    뜨거운 대낮이 까마득한 꿈으로
    멀어진다
    세상을 돌아 나가는
    붉은 기운이 늦 여름을 끌어 모은다

    늙어가는 둔덕 위로

두텁게 쏟아지던 빗소리가
더위를 마름질한다
구름은 어디에도 닿아 본 적 없는
햇살의 둘레를 향해 입을 연다
폭염을 견딘 숲이
일제히 기지개를 켜고
식어가는 태양을 배웅한다
지루한 꿈에서 깨어나는
의문의 향기
이승의 오후 한 구석이 눈부시다
— 「칡꽃이 필 때」 전문

  대부분의 시인들은 꽃을 노래할 때 화려하거나 향기로운 꽃의 특성을 내려놓지 못한다. 야생의 숲덩굴 속에서 누구의 시선도 의식하지 않고 피고 있는 칡꽃을 숲의 이미지 속에서 시원한 바람 한줄의 상큼함으로 형상화시킨 시인의 깊은 응시를 만난다. 폭염의 숲속에서 비가 지난 뒤에 칡꽃의 향기는 "이승의 오후 한 구석이 눈부시다", 그리고 "폭염을 견딘 숲이/ 일제히 기지개를 켜고/ 식어가는 태양을 배웅한다." 비온 뒤 날이 개이고 숲들은 다시 기지개 켜듯 힘차게 우거지고 날이 저물어 가는 풍경화 한폭을 빛과 향 그리고 비와 소리가 빚어내는 오케스트라의 연주를 만난 듯 다채로운 시선으로 입체적인 형상화를 이루고 있다. 이와같은 단단한 시적 세계는 기질적인 절제와 헤프지 않은 시에 대한 경건한 작업에 기인된다고 본다. 어떻게 발효시키고 그것을 적정치만을 보여주는가는 대단한 자기 수련이며 끊임없이 자기를 조절해 온 시인만이 가능한 일이다. 시와 삶에 대한 진지한 접근은 시인의 개성이요, 기본적으로 갖추어진 인문학적인 교양이라고 본다. 삶에 있어서 선뜻 다가가지는 못하지만 강렬한 열망을 포기하지 않는 열정과 부단한 자기 연마의 냉혹함을 그는 시의 위의를 통하여 아낌없이 표현하되 말의 헤픔과 지질지질한 이미지의 혼탁을 경계한다.

초현실주의적인 요소도 풍기는 김미선 시인의 시는 1950년대 부산의 여성시인 노영란, 김춘방을 이어가면서도 서정시의 본류를 넉넉하게 적시고 있다.

산의 등뼈가 빗물에 지워진다
허공으로 흰 계단을 쌓아 올리는
풍경소리 안개 속으로 기울고
산나리 빨간 꽃대가 걷혀지는
산 아래로 속잎을 펼친다

동쪽으로 무언가 엎질러진다

숲속을 떠다니는 빈 발원들이
지느러미를 쏟아내고
초록물결에 매달린 검은 꼬리가
오백나한의 귀처럼 어둡다

빛에 가려 보이지 않는 호수

정수리를 맞댄 물고기

탑으로 쌓인 꽃등 하나씩 꺼내어
　　너덜에 떨어지는 법문을 담는다

　　이 생을 굴리는
　　금강경 일 만자가 금빛 부처로 반짝인다
　　─「검은 산호 ─만어사에서」 전문

　단순 소박한 자연을 망각한 채, 인위적이고 복잡한 기술만을 추구하는 우리의 세대는 가장 궁핍한 세대이다. 그러나 현대인들은 자신들이 상실해 온 것들에서는 전혀 생각하지 못하고, 기술문명의 발전만으로 현대인들의 삶은 풍족해졌다고 생각하고 있다. 하이데거는 이런 현대인의 고정관념처럼 굳어 있는 생각에 일침을 가하듯, 단순 소박한 자연을 '존재'라고 부르며, 존재를 망각하고서도, 그 망각 자체를 알지 못하는 현대인들을 비판한다. 하이데거의 철학은 바로 이 망각의 사태에 개입한다. 작위적인 세계, 인위적인 세계가 지배하는 과학기술시대에서 단순 소박한 자연과 어우러진 고향을 회복하는 것을 목표로 하고 있다.
　전혀 인위적인 세례를 가하지 않고 조각품이 널려 있는 만어사 계곡의 물고기 바위를 노래함으로써 역사와 설화에서 우리 민족의 신화를 찾고 그 뿌리를 확인하는「검은 상호」는 고향과 민족혼을 다시금 생각하게 하는 좋은 테마이기도 하다.
　삼국유사에 전하는 설화와 더불어 까만 물고기 모양의 물고기 수 만 마리와 그들의 인도자였던 용왕의 아들이 미륵불이 되어 서 있는 미륵부처로 더 유명한 만어사를 테마로 쓴 이 시는 김수로왕과 부처의 관계설정으로 남방불교의 전래설을 뒷

받침하는 이야기로도 해석될 수 있을 것이다.

삼국유사에 의하면 서기 46년 가야국을 세운 김수로왕의 일행이 경남 밀양시 삼랑진읍 용전리에 있는 만어사萬魚寺에 이르자 백성들이 달려와 옥지玉池에 사는 독룡毒龍 때문에 농민들이 농사를 망친다고 민원을 넣자 왕은 백성들의 뜻을 부처님에게 기원했고 부처님은 이를 받아들여 독룡을 불러 야단을 쳤고 독룡은 부처님의 제자가 되어 법문에 충실하였다고 한다. 동해 용궁까지 이 소문이 전해져 용왕의 아들이 물고기 수만 마리와 함께 부처님을 찾아와 제자되기를 간청했다. 이에 부처님은 이들을 위하여 불법을 편다. 그러던 어느날 법회를 마치고 바다로 돌아가야 하는데, 짙은 구름과 안개 때문에 한발짝도 움직이지 못하고 그만 바위로 변해버렸다고 한다.

두드리면 범종과 같은 소리가 나는 이 신비의 종석 너덜은 지금도 마치 수많은 물고기 떼가 수면 위를 향히여 머리를 쳐들고 있고 비가 올 때나 비온 뒤에는 마치 살아 있는 물고기의 비늘과 지느러미를 보는 것과 같은 환상에 젖는다. 머리를 맞대고 하늘로 펄떡펄떡 뛰어 오르려는 모습과 헤엄치는 모습, 먼저 가려고 뒤엉켜 있는 모습 등은 물고기가 육지로 올라와서 요동치다 그대로 굳어버린 듯한 형상이다. 이와같은 삼국유사의 만어사는 지금도 낙동강을 바라보며 넓은 바위너덜을 거느리고 아득한 가야시대의 스토리텔링을 감동적으로 보여주는 작은 절이다. 그러나 설화 속의 물고기 바위들은 물고기 떼와 같아 설화의 진실을 보여주는 법문의 현장이다.

필자도 만어사에 빠져서 다섯 번을 찾아가서 끝내는 부슬부슬 비오는 현장에서 물고기들의 형상 속에 전율을 느끼기도 하였다.

"산의 등뼈가 빗물에 지워진다"는 바위와 설화를 빈 발원의 비판적인 자세와 오백나한의 귀처럼 어두운 발원의 불통을 너덜에 떨어진 법문을 담는 것으로 묘사하고 있다. 설화의 진실과 빈 발원의 영역, 때문에 지나친 불교 자체의 어두운 면을 노래하는 지적인 이미지로 확대시키고 있다.

해발 670여m가 되는 산 정상에 물고기가 뛰어논지 2000년이 다 되어가는 설화를 시인은 "숲속을 떠다니는 빈 발원들이/ 지느러미를 쏟아내고" "정수리를 맞댄 물고기/ 탑으로 쌓인 꽃등 하나씩 꺼내어/ 너덜에 떨어지는 법문을 담는다"고 형상화 하였다. 고려시대의 탑끝을 돌로 치면 종소리가 울리는 신비한 현상을 "탑으로 쌓인 꽃등을 꺼내어 떨어진 법문을 담는다"는 기막힌 묘사로 절 앞의 돌탑과 종소리와 법문을 연결하고 있다.

수천 년 바닷물과 빗물에 씻겨 닳고 닳은 커다란 조약돌처럼 집채만한 바위부터 작은 돌덩이까지 정좌해 있는 만어산 계곡은 풍어豊漁로 넉넉하다. 산 아래에는 잡어, 더 내려와서 인가에 가까운 곳에는 치어들이 뛰어 노는 것 같은 까만 돌무더기의 행렬은 참으로 장관이다. 아직도 잘 알려 지지 않은 먼 곳이기에 그 나마 설화가 전하는 삼국유사의 현장이지만 사람들의 관심은 약한 곳이다. 때문에 이와같은 문화탐방의 시는 문화적 유산을 독자들에게 안내하는 인문학의 역할까지 담당하고 있는 것이다. 이 시를 이해하기 위해서 우리는 만어사를 가야 할 마음이 앞서게 될 것이다.

제황산 아래
아버지

연분홍 봄날 품고 계신다
주름진 벚나무 가지 사이로
삼백예순다섯 계단 부풀어 오르고
맨손으로 일어선 바바리 자락
예순 다섯 생애가 펄럭인다
꽃잎에서 쏟아지는 기억들이
겹겹이 흩날리고
바람 보다 앞서 떠난 길이
꽃비에 젖는다
아버지 비에 젖는다
둥근 밥상을 향한 숨찬 걸음
산자락 걷어 올리고
황망히 마을 밖으로 사라진다
부려 놓은 흰한 꿈들
실종된 봄날을 부축하며 반짝인다
푸른 휘파람으로
다시 불러 낼 수 없는 영혼
아버지 늑골 사이로 사라진 봄
또 오고 있다
하늘 어귀의 아버지
하염없이 쏟아진다
— 「아버지의 봄날」 전문

눈물 한방울 표현 없이 회한의 넋두리 한마디 없이 가슴 밑바닥을 쓸고가는 아버지의 추억은 봄날이어서 더욱 간절하다. 감정의 절제와 서정의 단아함 사이로 철철 흘러내리는 사무친

그리움이 「아버지의 봄날」을 울리고 있다.

    가만히 빛이 쌓여가는 소리 들린다
    울타리 빠져 나가는 햇살이
    빈칸을 헤아리기 시작하고
    몇 개의 별로 정의된 스크린에
    하얀 발자국 찍힌다

    어디론가 떠나는 새들
    날개를 버리고 날아오른다
    가볍게 휘파람을 불어댄다

    아이는 어른이 되고
    어른은 늙은 어른으로 자라는
    낮과 밤 얇은 틈 사이
    그 너머 풍경이 궁금해진다
    한때
    레몬처럼 상큼했던 따뜻한 식탁에
    떠도는 인사가 자꾸 흘러내린다

    그렇게 안녕
    날숨 빠져나가는 집이 딱꾹질을 시작한다
    — 「이사 2」 전문

"아이는 어른이 되고", "레몬처럼 상큼했던 따뜻한 식탁"에의 일상적인 일들과 이사의 의미를 "날숨 빠져나가는 집이 딸

꾹질을 시작한다"는 시적 자아의 객관화는 냉혹하리만큼 철저하다. 이사하는 이별의 풍경과 그 심정이 어찌 이리도 잔잔한 내공으로 단단할 수가 있을까

> 달빛 아래서 차를 달인다
>
> 그대와의 지척인 거리가
> 가장 먼 변방이였다가
> 가장 가까운 틈새였다가
> 찻물 따르는 소리가 환하게 피어난다
>
> 그대와 나의 중심에
> 깊어진 바람이 지나가고
> 그윽한 꽃을 바라보는
> 적당한 거리가
> 오래 향기롭다
> ―「차 한 잔」 전문

가끔 반짝이다 사라지며 생을 읽어가는 나는 적당히 서늘하다. 분분한 눈보라를 품은 겨울나무는 내 절친한 이웃으로 앙상한 가지마다 자유롭다. 영혼은 지독한 추위를 소화시킨다. 하나의 점이 나를 바라보는 절망의 말을 수근거린다. 나는 시를 사랑한다거나 미워한다거나 말할 수 없는 측은한 하루하루를 지샌다. 몽환적인 노동을 즐기는 고뇌를 바라보는 야윈 내 시의 뇌관이 달콤한 레드와인을 꿈꾼다. 머나 먼 지평선을 넘어 행려병자처럼 아무도 알아채지 못하는 허밍으로 길을 낸다.

허기진 배를 쓰다듬는 시를 읊조리며 호의적이지 못한 하늘에 기대어 종일 나를 위로해보기도 한다. 변명의 시간이 하나의 문장을 버티고 있는 나는 시인이다. 휘어진 푸른 방에서 툭툭 튀쳐나오는 환상이 턱을 괴고 일상의 빙판을 걸어가는 것이 보인다. 부질없는 사랑처럼 시는 떠돌고 있다

　　—「떠도는 시인을 위하여」 전문

　　나도 있어, 나도 봄이야, 돌 틈 사이 꽃씨 환희 햇살 받고 섰다. 마당귀에 버려진 팔각 문짝 사이로 바위취와 제비꽃 싹 틔운다. 나와 그대 눈 맞추며 꽃을 피운다는 건 매일매일 등 돌리며 기막힌 슬픔 하나 키운다는 것이다. 땅의 잠 깨우는 만년설 오래 오래 들리지 않는 동굴 빠져나와 가장 길게 운다는 미동 없는 말이 뿌리 내리는 선인장 풍경으로 햇살의 피망울을 어루만진다. 검은 씨방 무대를 벗고 꽃뱀의 그늘에 안겨 후루루 3월의 하늘을 파먹는 새파랗게 시간을 죽이던 거짓말이 바늘구멍 지나 볕바른 양지로 스며든다. 바닥 드러난 양철 화분에 느닷없이 사랑한다 보드라운 흙살 덮어준다는 끝내 외면한 돌덩이 감쪽같이 곡진함을 잃고 둥그렇게 품어 준다. 세상 모르고 잠자던 서랍 삐죽이 열려 내 사막을 횡단할 낙타가 길을 묻는다. 나도 있어, 나도 봄이야, 삶이 그렇다는 거

　　—「꽃 보러 간다」 전문

　　군더더기 하나 없이 절제된 서정을 이미지화시키면서 다양한 형식을 구사하는 김미선 시인의 기질적인 시적 형상화는 산문시에서도 유감없이 나타나고 있다. 조용하지만 좌우를 돌아볼 수 있는 배려있는 비판의식과 단단하게 다져진 삶에 대한

바르고 철저한 관리는 그의 시를 이루어 가는 근간이 되고 있다. 구질구질한 여성적 감정의 넘침을 잘라버린 그의 모던한 시적 성취는 이제 부터 유감없이 시의 개울을 적시며 마른 나무와 풀을 위무하게 될 것이다.

도파민은 의욕 호르몬이고 발전의 원동력인데 지금은 '돌격 앞으로!' '나를 따르라'는 식의 영웅적이고 전투적인 리더 대신에 '조용한 열정'을 말하는 세로토닌적인 리더가 필요하다. 자극과 중독의 도파민 시대는 이미 저물었다. 내공이 쌓이면 내일도 든든하다. 위태롭게 하루하루를 버텨 낼 일이 아니다. 당당하게 삶을 즐길 수 있다.

보다 품격 있고 배려할 줄 알고 함께 가는 삶을 일상화하는 세로토닌적인 삶이 중요하다.

(사)부산여성문학인협회 김미선 회장이 걱정과 조급성의 시내를 순화시키고, 행복과 잔잔한 김동이 물결치는 세로도닌의 시대를 열어가고 있다. 그의 삶과 문운을 빌며 일독을 권한다.

김미선

김미선 시인은 경남 진해에서 태어났고, 2003년 『문학예술』과 2010년 『불교문예』로 등단했다. 시집으로는 『어떤 씨앗』이 있고, 현재 여성문학전문 계간지 『여기』의 편집위원과 부산여성문학인협회 회장으로 활동을 하고 있다.
김미선 시인의 두 번째 시집인 『뜨거운 쓸쓸함』은 군더더기 하나 없는 '절제의 미학'을 통하여 내공의 단아함과 그 아름다움을 보여주고 있다고 할 수가 있다.

이메일 : sun52411@hanmail.net

김미선 시집
뜨거운 쓸쓸함

발   행 2014년 9월 20일

지은이   김미선
펴낸이   반송림
편집디자인 김지호
펴낸곳   도서출판 지혜
         계간시전문지 애지
기획위원 반경환 이형권 황정산
주   소 300-812 대전광역시 동구 선화로 203-1 2층 도서출판 지혜 (삼성동)
전   화 042-625-1140
팩   스 042-627-1140

전자우편 ejisarang@hanmail.net
애지카페 cafe.daum.net/ejiliterature

ISBN : 979-11-5728-008-7 03810
값 9,000원

이 책의 판권은 지은이와 도서출판 지혜에 있습니다.
양측의 서면 동의 없는 무단 전제 및 복제를 금합니다.

* 본 전시/공연/행사/도서는/은 2014년 한국문화예술위원회, 부산광역시, 부산문화재단의 사업비 지원을 받았습니다.